Le chocolat, ça fait rêver!
du matin, le carré de choc
au chocolat, la glace au c
ou chocolat au lait, chocc
aux noisettes... Qui n'aim

ça fait rêver	it makes you dream
le carré	square
goûter	tea-time
chocolat noir	plain chocolate
aux noisettes	with hazelnuts

Voyage dans le temps

Les Indiens d'Amérique centrale mélangent le cacao avec de l'eau, des piments et des épices.

En 1519, les soldats espagnols, les Conquistadores, arrivent au Mexique. Ils boivent ce mélange très amer.

ils mélangent	they mix
des piments	peppers
des épices	spices
amer	bitter
la santé	health

On ramène du cacao en Espagne. Au début, les Espagnols n'aiment pas beaucoup.

Les Espagnols du Mexique ont l'idée de mélanger le cacao avec du sucre, de la vanille et de la crème. C'est bon! Le chocolat est né.

on ramène	they bring back
au début	at first
un médicament	a medecine
est né	was born

En 1527, on ouvre la «route du chocolat» entre l'Espagne et le Mexique.

En 1615, la fille du roi d'Espagne se marie avec le roi de France, Louis XIII. Elle est folle de chocolat. Le chocolat arrive en France.

on ouvre	they open
le roi	king
se marie avec	marries
elle est folle de	she's mad about

Bientôt, toute l'Europe mange du chocolat... enfin presque! C'est très très cher, alors c'est seulement pour les riches.

Non! Pas de l'argent... du chocolat, s'il vous plaît!

Au 19ème siècle, c'est la révolution industrielle. Avec les machines, on peut faire plus de chocolat et il est moins cher. Maintenant, tout le monde mange du chocolat!

bientôt	soon
presque	nearly
seulement	only
au 19ème siècle	in the 19th century
moins cher	less expensive
tout le monde	everyone

Carte d'identité

L'arbre s'appelle le cacaoyer. Il mesure entre 5 et 10 mètres. Le fruit, c'est la cabosse. Elle pèse environ un kilo.

Dans la cabosse, il y a environ 25 ou 45 fèves. Avec les fèves, on fait le cacao.

---

le cacaoyer	cocoa tree
la cabosse	cocoa pod
elle pèse	it weighs
environ	about
la fève	bean

Le cacaoyer aime les pays où il fait chaud et où il pleut. On produit le cacao surtout en Amérique du Sud et en Afrique.

---

        les pays où   countries where
             surtout   mostly

Six anecdotes «au chocolat»!

Toutes ces histoires sont vraies... sauf une. Laquelle? Devine!

1 Avant l'arrivée des Espagnols, les Aztèques ont des fèves de cacao comme pièces de monnaie.

2 Chez les Aztèques, le cacaoyer est un dieu.

3 Au 16ème siècle, des pirates attaquent un bateau espagnol qui transporte des fèves de cacao. Les pirates jettent les fèves à la mer... ils croient que ce sont des crottes de moutons!

---

sauf	except
devine	guess
des pièces de monnaie	coins
un dieu	a god
jettent à la mer	throw overboard

4 C'est un Anglais qui invente le mélange chocolat-café.

5 Avec le beurre de cacao, on fait du chocolat blanc, mais aussi du rouge à lèvres et des suppositoires.

6 Les bonbons en chocolat de Noël s'appellent des «crottes de chocolat».

---

du rouge à lèvres	lipstick
des suppositoires	suppositories

Questions «au chocolat»

A toi de deviner la bonne réponse!

1 Qui mange le plus de chocolat au monde?
   a Les Suisses
   b Les Britanniques

2 Un Français mange en moyenne par an...
   a 4 kilos de chocolat
   b 10 kilos de chocolat

3 Pour partir sur une île déserte, 59% des Français préfèrent emporter...
   a du chocolat
   b du fromage

4 Pendant la guerre 1939-1945, les G.I. américains avaient dans leur ration...
   a du sucre
   b une barre Mars

---

en moyenne	on average
par an	per year
une île	an island
emporter	to take

Insolite

Le plus gros bateau en chocolat, en Espagne, en 1991.

Il pèse 4 tonnes! Il mesure 13 mètres de long et 8 mètres de large.

insolite	unusual
le plus gros	the biggest
de long	in length
de large	in width

Le chocolat, c'est bon pour la santé?

Vrai ou faux?

1 Il ne faut pas manger de chocolat avant de faire du sport ou un examen.

   FAUX
   Le chocolat est riche en éléments énergétiques. Il donne de l'énergie, aux jambes et à la tête!

2 Le chocolat n'abîme pas les dents.

   VRAI
   Mais il faut bien se brosser les dents si on a mangé du chocolat.

---

il ne faut pas	one mustn't
abîme	damages
se brosser les dents	to brush one's teeth

3 Le chocolat fait grossir.

FAUX
On ne grossit pas si on ne mange pas trop de chocolat. Mais il y a 506 calories dans 100 grammes, alors attention! La dose conseillée par jour pour les 15-20 ans, c'est 10 grammes.

4 Le chocolat donne mal au ventre et à la tête.

FAUX
Sauf si on mange trop de chocolat, ou si on est allergique.

---

grossir	to get fat
conseillée	advised
sauf si	except if

A boire et à manger!

Chocolat à l'ancienne
Pour 4 personnes:
40 grammes de chocolat
4 tasses de lait
1 tasse d'eau
du sucre

Fais fondre le chocolat
au bain-marie.
Ajoute la tasse d'eau
bouillante et mélange.

Fais cuire le chocolat
doucement pendant
8 minutes.

Fais chauffer le lait
et verse doucement
sur le chocolat.

Verse dans les tasses.
Ajoute un peu de sucre,
si tu veux.

fais fondre	melt down
bouillante	boiling
mélange	mix
fais cuire	cook
fais chauffer	heat up
verse doucement	pour gently

Glace Tlilxochitl

Tlilxochitl, c'est le chocolat à la vanille au Mexique.

Pour 4 personnes:
125 grammes de chocolat à cuire
1 cuillerée à soupe de sucre
1/2 cuillerée de vanille
4 jaunes d'œufs
300 grammes de crème fraîche
4 cuillerées d'eau
un peu de sel

Mets la crème fraîche
au réfrigérateur.

Fais fondre le chocolat
avec l'eau, le sucre,
la vanille et le sel.

Mélange bien le chocolat
fondu et les jaunes d'œufs.

Fouette la crème fraîche.
Mélange la crème
au chocolat.

Mets au congélateur
pendant cinq heures.
C'est prêt!

---

une cuillerée	a spoonful
des jaunes d'œufs	egg yolks
au réfrigérateur	in the fridge
fondu	melted
fouette	whip
au congélateur	in the freezer

Es-tu choco-accro?
Fais ce test!

Tu manges du chocolat tous les jours.
— OUI → Tu manges beaucoup de chocolat quand tu as des problèmes.
— NON ↓

Ton cadeau préféré, c'est une boîte de chocolats.
— OUI → Tu partages toujours ton chocolat avec tes copains.
— NON ↓

(Tu manges beaucoup de chocolat quand tu as des problèmes.)
— OUI ↓
(Tu partages toujours ton chocolat avec tes copains.)
— NON ↓

Pour faire tes devoirs, tu as besoin de chocolat.
— OUI → Tu voudrais manger moins de chocolat.
— NON ↓

Tu aimes sans doute le chocolat, mais tu n'es pas très accro. C'est bien.

— OUI ↓
Tu es très très accro! N'oublie pas: un peu de chocolat, ça va; trop de chocolat, attention les dégâts!

tous les jours	every day
tu partages	you share
n'oublie pas	don't forget
les dégâts	damage

seize